AF221975

училище - σχολείο 2
пътуване - ταξίδι 5
транспорт - μεταφορά 8
град - πόλη 10
пейзаж - τοπίο 14
ресторант - εστιατόριο 17
супермаркет - σούπερ μάρκετ 20
напитки - ποτά 22
ядене - φαγητό 23
селски двор - αγρόκτημα 27
къща - σπίτι 31
всекидневна - σαλόνι 33
кухня - κουζίνα 35
баня - μπάνιο 38
детска стая - παιδικό δωμάτιο 42
облекло - ρούχα 44
офис - γραφείο 49
икономика - οικονομία 51
професии - επαγγέλματα 53
инструменти - εργαλεία 56
музикални инструменти - μουσικά όργανα 57
зоологическа градина - ζωολογικός κήπος 59
спорт - αθλήματα 62
дейности - δραστηριότητες 63
семейство - οικογένεια 67
тяло - σώμα 68
болница - νοσοκομείο 72
спешен случай - έκτακτη ανάγκη 76
Земя - Γη 77
часовник - ρολόι 79
седмица - εβδομάδα 80
година - έτος 81
форми - σχήματα 83
цветове - χρώματα 84
противоположности - αντίθετα 85
числа - αριθμοί 88
езици - γλώσσες 90
кой / какво / как - ποιος / τι / πως 91
къде - που 92

Impressum
Verlag: BABADADA GmbH, Nedderfeld 112 , 22529 Hamburg
Geschäftsführer / Verlagsleitung: Harald Hof
Druck: Books on Demand GmbH, In de Tarpen 42, 22848 Norderstedt

Imprint
Publisher: BABADADA GmbH, Nedderfeld 112 , 22529 Hamburg, Germany
Managing Director / Publishing direction: Harald Hof
Print: Books on Demand GmbH, In de Tarpen 42, 22848 Norderstedt

училище
σχολείο

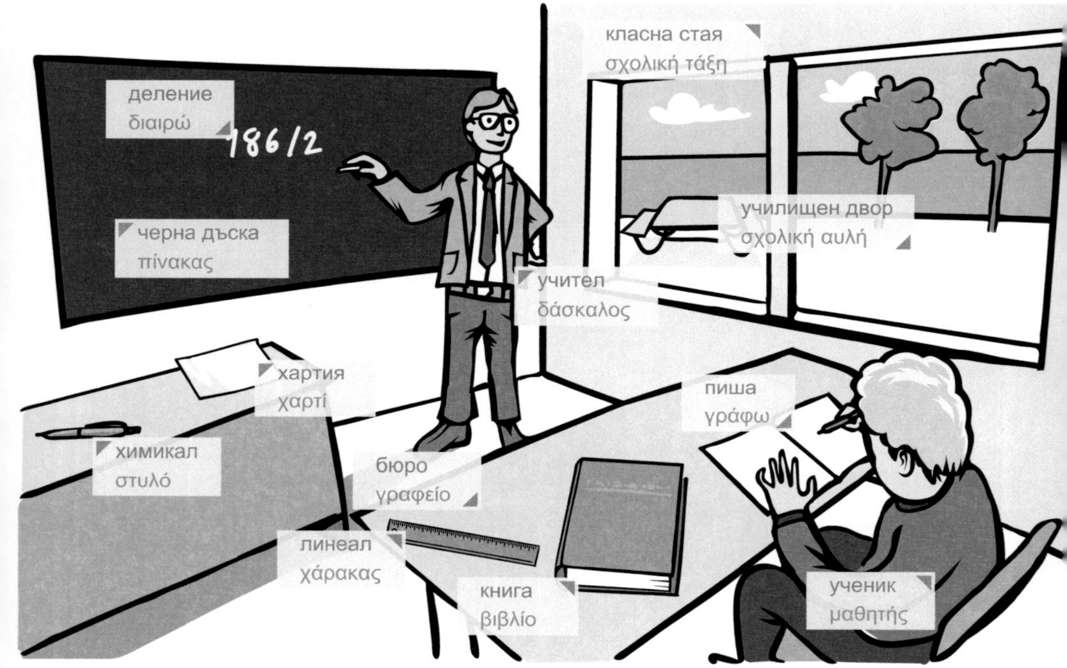
класна стая
σχολική τάξη
деление
διαιρώ
186/2
черна дъска
πίνακας
училищен двор
σχολική αυλή
учител
δάσκαλος
хартия
χαρτί
пиша
γράφω
химикал
στυλό
бюро
γραφείο
линеал
χάρακας
книга
βιβλίο
ученик
μαθητής

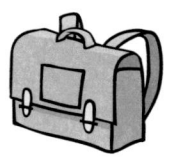

ученическа раница

σχολική τσάντα

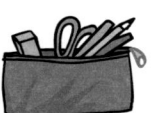

ученически несесер

κασετίνα/ μολυβοθήκη

молив

μολύβι

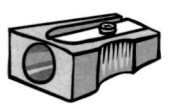

острилка за моливи

ξύστρα

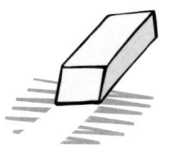

гума

γόμα

блок за рисуване

μπλοκ ζωγραφικής

рисунка

ζωγραφική

четка

πινέλο

акварелни бои

κουτί χρωμάτων

ножица

ψαλίδι

лепило

κόλλα

тетрадка за упражнения

τετράδιο ασκήσεων

домашна работа

εργασία για το σπίτι

число

αριθμός

събиране

προσθέτω

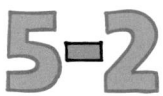

изваждане

αφαιρώ

умножение

πολλαπλασιάζω

смятане

υπολογίζω

буква

γράμμα

азбука

αλφάβητο

дума

λέξη

текст
....
κείμενο

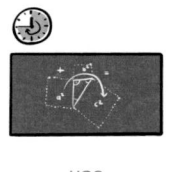

чета
....
διαβάζω

тебешир
....
κιμωλία

час
....
μάθημα

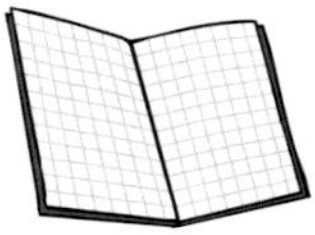

дневник на класа
....
εγγράφομαι

изпит
....
τεστ

свидетелство
....
πιστοποιητικό

ученическа униформа
....
μαθητική στολή

образование
....
εκπαίδευση

справочник
....
εγκυκλοπαίδεια

университет
....
πανεπιστήμιο

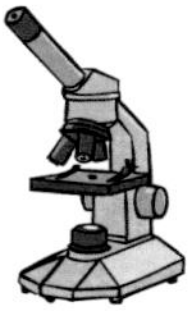

микроскоп
....
μικροσκόπιο

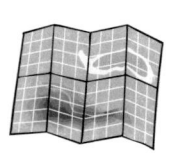

карта
....
χάρτης

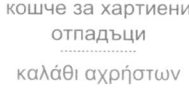

кошче за хартиени
отпадъци
....
καλάθι αχρήστων

хотел
ξενοδοχείο
хостел
ξενώνας
обменно бюро
ανταλλακτήρια συναλλάγματος
куфар
βαλίτσα
кола
αυτοκίνητο

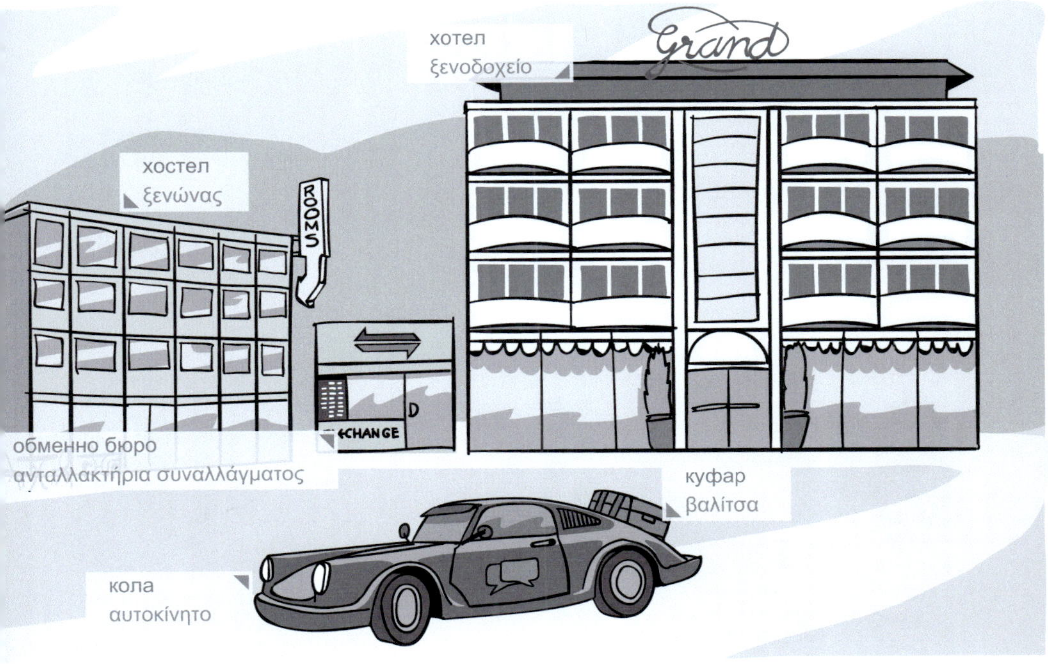

език

γλώσσα

да / не

ναι / όχι

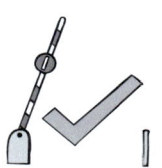

Окей

εντάξει

здравей

γεια σου

преводач

μεταφραστής

Благодаря

Ευχαριστώ

Колко струва…?

πόσο κάνει ;

Не разбирам

Δε καταλαβαίνω

проблем

πρόβλημα

Добър вечер!

Καλησπέρα!

Добро утро!

Καλημέρα!

Лека нощ!

Καληνύχτα!

довиждане

Αντίο

посока

κατεύθυνση

багаж

αποσκευές

пътна чанта

τσάντα

раница

σακίδιο πλάτης

посетител

καλεσμένος

стая

δωμάτιο

спален чувал

υπνόσακος

палатка

σκηνή

уристическа информация

τουριστικές πληροφορίες

плаж

παραλία

кредитна карта

πιστωτική κάρτα

закуска

πρωινό

обед

μεσημεριανό

вечеря

δείπνο

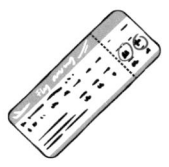

билет

εισιτήριο

асансьор

ανελκυστήρας

пощенска марка

γραμματόσημο

граница

σύνορα

митница

τελωνείο

посолство

πρεσβεία

виза

βίζα

паспорт

διαβατήριο

кораб
πλοίο

самолет
αεροπλάνο

пожарна кола
πυροσβεστικό όχημα

товарен автомобил
φορτηγό

автобус
λεωφορείο

оторна лодка
ηχανοκίνητο σκάφος

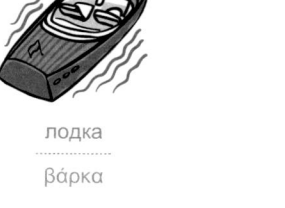

велосипед
ποδήλατο

кола
αυτοκίνητο

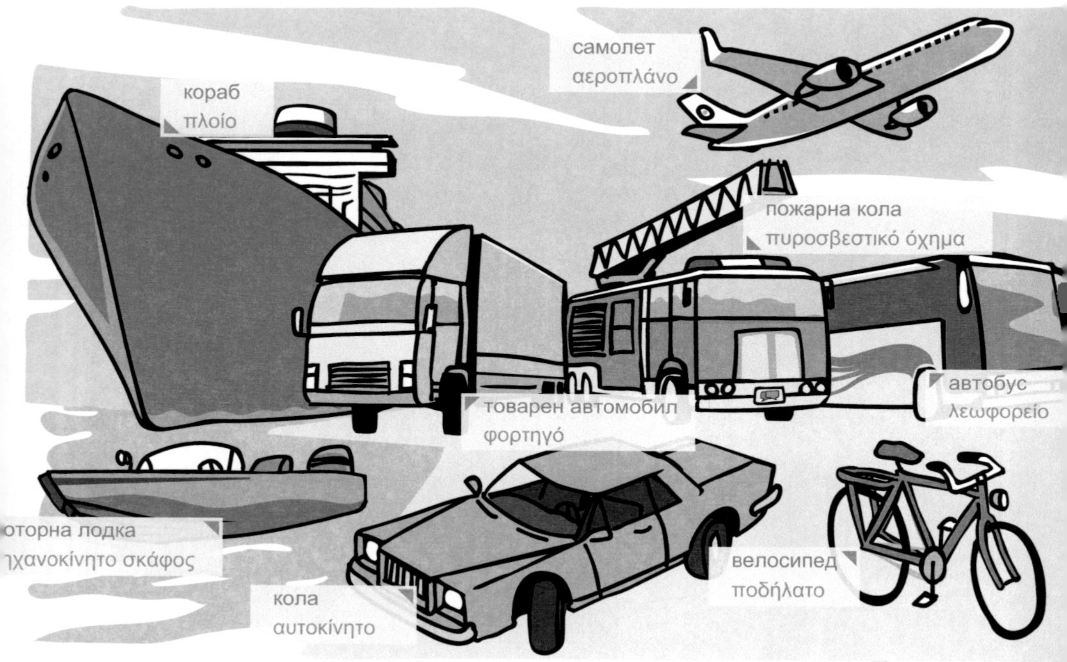

ферибот
φεριμπότ

лодка
βάρκα

мотоциклет
μοτοσικλέτα

полицейска кола
περιπολικό

състезателна кола
αγωνιστικό αυτοκίνητο

кола под наем
ενοικιαζόμενο αυτοκίνητο

каршеринг

ιαμοιρασμός αυτοκινήτων

автомобил от "Пътна помощ"

γερανός

сметовоз

απορριμματοφόρο

двигател

κινητήρας

бензин

καύσιμο

бензиностанция

βενζινάδικο

пътен знак

πινακίδα σήμανσης

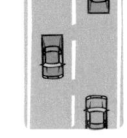

улично движение

κυκλοφορία

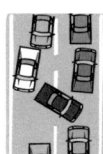

задръстване

κυκλοφοριακή συμφόρηση

паркинг

χώρος στάθμευσης

гара

σιδηροδρομικός σταθμός

релси

σιδηροδρομικές γραμμές

влак

τρένο

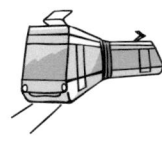

трамвай

τραμ

вагон

βαγόνι

хеликоптер

ελικόπτερο

аерогара

αεροδρόμιο

кула

πύργος

пасажер

επιβάτης

контейнер

εμπορευματοκιβώτιο

кашон

χαρτοκιβώτιο

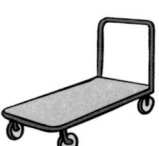

ръчна количка

καρότσι

кошница

καλάθι

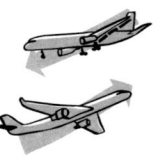

излитам / приземявам се

απογειώνομαι /
προσγειόνομαι

град

πόλη

село

χωριό

градски център

κέντρο της πόλης

къща

σπίτι

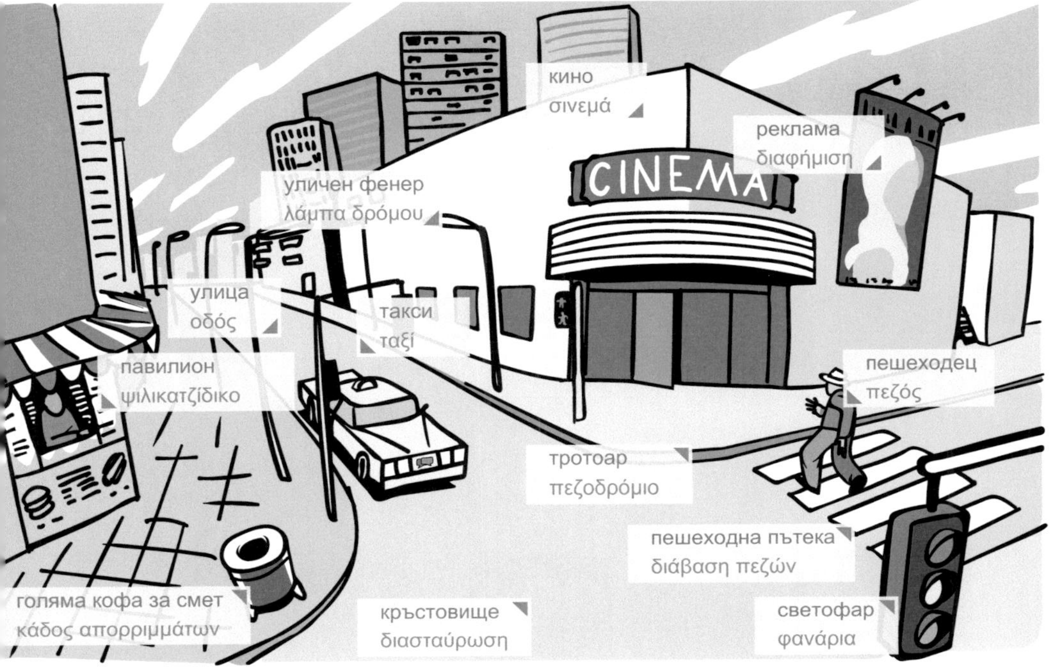

кино
σινεμά
CINEMA
реклама
διαφήμιση
уличен фенер
λάμπα δρόμου
улица
οδός
такси
ταξί
павилион
ψιλικατζίδικο
пешеходец
πεζός
тротоар
πεζοδρόμιο
пешеходна пътека
διάβαση πεζών
голяма кофа за смет
κάδος απορριμμάτων
кръстовище
διασταύρωση
светофар
φανάρια

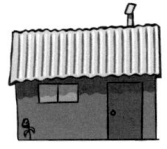

хижа

καλύβα

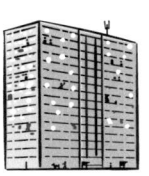

жилище

διαμέρισμα

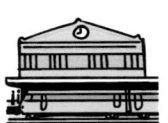

гара

σιδηροδρομικός σταθμός

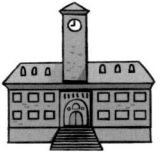

кметство

δημαρχείο

MUSEUM

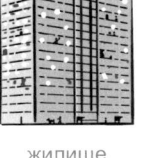

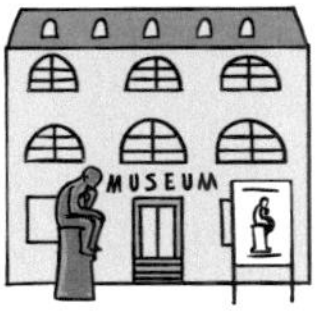

музей

μουσείο

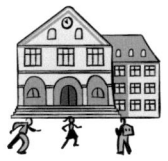

училище

σχολείο

университет

πανεπιστήμιο

банка

τράπεζα

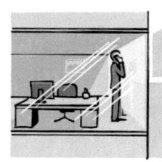

болница

νοσοκομείο

хотел

ξενοδοχείο

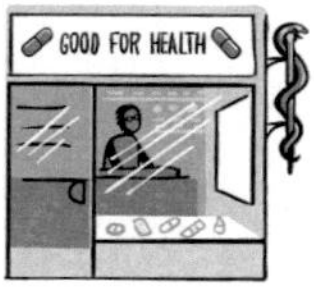

аптека

φαρμακείο

офис

γραφείο

книжарница

βιβλιοπωλείο

магазин за цветя

κατάστημα

магазин за цветя

ανθοπωλείο

супермаркет

σούπερ μάρκετ

пазар

αγορά

универсален магазин

πολυκατάστημα

търговец на риба

ιχθυοπωλείο

търговски център

εμπορικό κέντρο

пристанище

λιμάνι

парк

πάρκο

пейка

παγκάκι

мост

γέφυρα

стълба

σκάλες

метро

μετρό

тунел

τούνελ

автобусна спирка

στάση λεωφορείου

бар

μπαρ

ресторант

εστιατόριο

пощенска кутия

γραμματοκιβώτιο

улична табелка

πινακίδα δρόμου

часовник за паркинг престой

παρκόμετρο

зоологическа градина

ζωολογικός κήπος

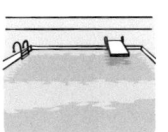

плувен басейн

πισίνα

джамия

τζαμί

селски двор

αγρόκτημα

замърсяване на околната среда

ρύπανση

гробище

νεκροταφείο

църква

εκκλησία

детска площадка

παιδική χαρά

храм

ναός

пейзаж

τοπίο

листо
φύλλο

пътепоказател
πινακίδα κατεύθυνσης

път
δρόμος

ливада
λιβάδι

камък
πέτρα

пътешественик
πεζοπόρος

дърво
δέντρο

река
ποτάμι

трева
χορτάρι

цвете
λουλούδι

долина

κοιλάδα

планина

λόφος

море

λίμνη

гора

δάσος

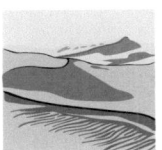

пустиня

έρημος

вулкан

ηφαίστειο

замък

κάστρο

дъга

ουράνιο τόξο

гъба

μανιτάρι

палма

φοίνικας

комар

κουνούπι

муха

μύγα

мравка

μυρμήγκι

пчела

μέλισσα

паяк

αράχνη

бръмбар

σκαθάρι

жаба

βάτραχος

катеричка

σκίουρος

таралеж

σκαντζόχοιρος

заек

λαγός

кукумявка

κουκουβάγια

птица

πουλί

лебед

κύκνος

диво прасе

αγριογούρουνο

елен

ελάφι

лос

άλκη

бент

φράγμα

вятърна турбина

ανεμογεννήτρια

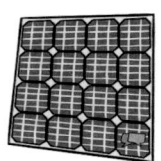

соларен модул

ηλιακός συλλέκτης

климат

κλίμα

пейзаж - τοπίο

ресторант
εστιατόριο

σερβιτόρος
меню
κατάλογος
стол
καρέκλα
супа
σούπα
пица
πίτσα
прибори за хранене
μαχαιροπίρουνα
покривка за маса
τραπεζομάντιλο

предястие

ορεκτικό

основно ястие

κύριο πιάτο

десерт

επιδόρπιο

напитки

ποτά

ядене

φαγητό

бутилка

μπουκάλι

бързо хранене

φαστ φουντ

улична храна

φαγητό στ' όρθιο

кана за чай

τσαγιέρα

кутия за захар

δοχείο ζάχαρης

порция

μερίδα

еспресо машина

μηχανή εσπρέσο

висок детски стол

ψηλή καρέκλα

сметка

λογαριασμός

табла

δίσκος

ножица за нокти

μαχαίρι

вилица

πιρούνι

лъжица

κουτάλι

чаена лъжичка

κουταλάκι του τσαγιού

салфетка

πετσέτα φαγητού

стъклена чаша

ποτήρι

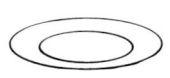

чиния

πιάτο

чиния за супа

πιάτο σούπας

чинийка

πιατάκι φλιτζανιού

сос

σάλτσα

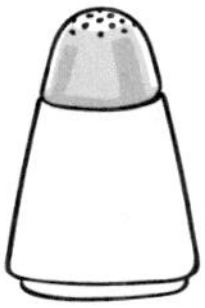

солница

αλατιέρα

мелничка за черен пипер

μύλος για πιπέρι

оцет

ξύδι

олио

λάδι

подправки

μπαχαρικά

кетчуп

κέτσαπ

горчица

μουστάρδα

майонеза

μαγιονέζα

супермаркет
σούπερ μάρκετ

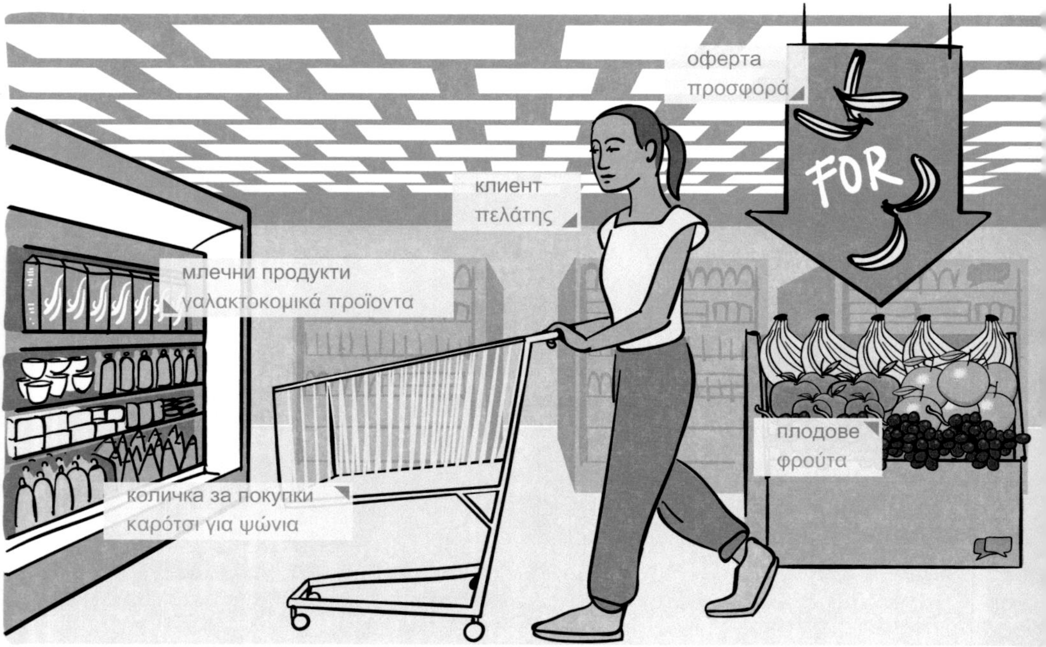

оферта
προσφορά
FOR
клиент
πελάτης
млечни продукти
γαλακτοκομικά προϊόντα
плодове
φρούτα
количка за покупки
καρότσι για ψώνια

кланица

κρεοπωλείο

хлебарница

φούρνος

тегля

ζυγίζω

зеленчуци

λαχανικά

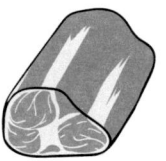

месо

κρέας

дълбоко замразена храна

κατεψυγμένα τρόφιμα

нарязан колбас или сирене

αλλαντικά

консерви

κονσερβοποιημένη τροφή

перилен препарат

απορρυπαντικό ρούχων

лакомства

γλυκά

домакински изделия

οικιακά είδη

почистващи препарати

καθαριστικά προϊόντα

продавачка

πωλήτρια

каса

ταμείο

касиер

ταμίας

списък на покупките

λίστα για ψώνια

работно време

ωράριο λειτουργίας

портфейл

πορτοφόλι

кредитна карта

πιστωτική κάρτα

чанта

τσάντα

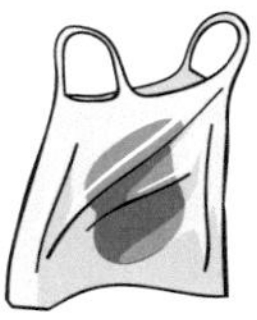

пластмасова торба

πλαστική σακούλα

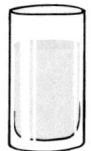

напитки
ποτά

вода

νερό

сок

χυμός

мляко

γάλα

кола

κόκα κόλα

вино

κρασί

бира

μπίρα

алкохол

αλκοόλ

какао

κακάο

чай

τσάι

кафе машина

καφές

еспресо

εσπρέσο

капучино

καπουτσίνο

банан

μπανάνα

ябълка

μήλο

портокал

πορτοκάλι

пъпеш

πεπόνι

лимон

λεμόνι

морков

καρότο

чесън

σκόρδο

бамбук

μπαμπού

лук

κρεμμύδι

гъба

μανιτάρι

ядки

ξηροί καρποί

макарони

νουντλς

спагети
μακαρόνια

ориз
ρύζι

салата
σαλάτα

пържени картофи
πατατάκια

печени картофи
τηγανητές πατάτες

пица
πίτσα

хамбургер
χάμπουργκερ

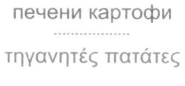

сандвич
σάντουιτς

шницел
κοτολέτα

шунка
ζαμπόν

траен колбас
σαλάμι

салам
λουκάνικο

пиле
κοτόπουλο

печено
ψητό

риба
ψάρι

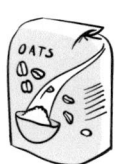

овесени ядки

χυλός βρώμης

мюсли

μούσλι

корнфлейкс

κορν φλέικς

брашно

αλεύρι

кроасан

κρουασάν

хлебчета

ψωμάκι

хляб

ψωμί

препечена филийка

τοστ

бисквити

μπισκότα

масло

βούτυρο

извара

τυρόπηγμα

сладкиш

κέικ

яйце

αυγό

яйца на очи

τηγανητό αυγό

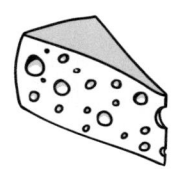

сирене

τυρί

сладолед

παγωτό

захар

ζάχαρη

мед

μέλι

мармалад

μαρμελάδα

нуга крем

άλλειμμα σοκολάτας

къри

κάρυ

селски двор
αγρόκτημα

селска къща
αγρόσπιτο
плевня
αχυρώνας
бала сено
δεμάτι άχυρου
поле
χωράφι
кон
αλόγο
ремарке
ρυμουλκούμενο
трактор
τρακτέρ
конче
πουλάρι
магаре
γάιδαρος
овца
πρόβατο
агне
αρνί

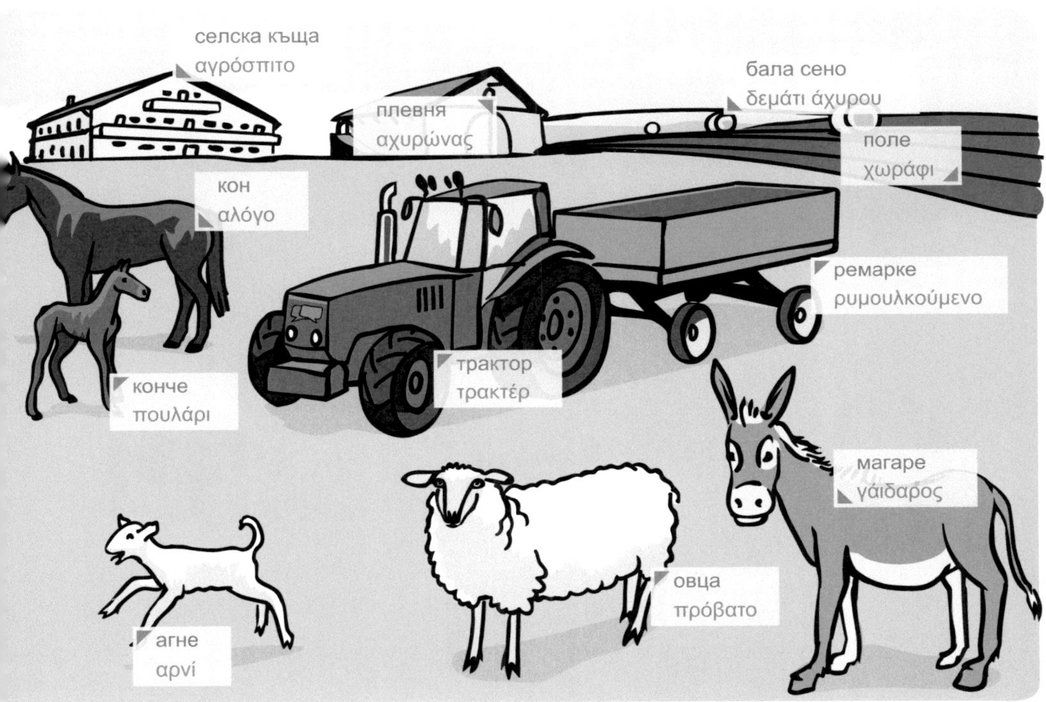

коза

κατσίκα

крава

αγελάδα

теле

μοσχαράκι

свиня

γουρούνι

прасенце

γουρουνάκι

бик

ταύρος

гъска
χήνα

патица
πάπια

пиленце
κοτοπουλάκι

кокошка
κότα

петел
κόκορας

плъх
αρουραίος

котка
γάτα

мишка
ποντίκι

вол
βόδι

куче
σκύλος

кучешка колиба
σπιτάκι σκύλου

градински маркуч
λάστιχο κήπου

лейка
ποτιστήρι

коса
θεριστήρι

плуг
αλέτρι

сърп

δρεπάνι

мотика

τσάπα

вила за тор

δίκρανο

брадва

τσεκούρι

ръчна количка

χειράμαξα

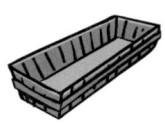

корито

ταΐστρα

съд за мляко

δοχείο γάλακτος

чувал

σάκος

ограда

φράχτης

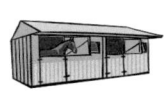

обор

στάβλος

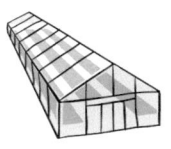

парник

θερμοκήπιο

земя

έδαφος

сеитба

σπόρος

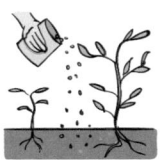

тор

λίπασμα

комбайн

θεριζοαλωνιστική μηχανή

жъна

θερίζω

реколта

συγκομιδή

ямс

γιαμς

жито

σιτάρι

соя

σόγια

картоф

πατάτα

царевица

καλαμπόκι

рапица

κράμβη

овощно дърво

οπωροφόρο δέντρο

маниока

μανιόκα

зърнени храни

δημητριακά

къща

σπίτι

комин
καμινάδα
покрив
στέγη
улук
υδρορροή
прозорец
παράθυρο
звънец
κουδούνι
гараж
γκαράζ
врата
πόρτα
кофа за боклук
σκουπιδοτενεκές
пощенска кутия
γραμματοκιβώτιο
градина
κήπος

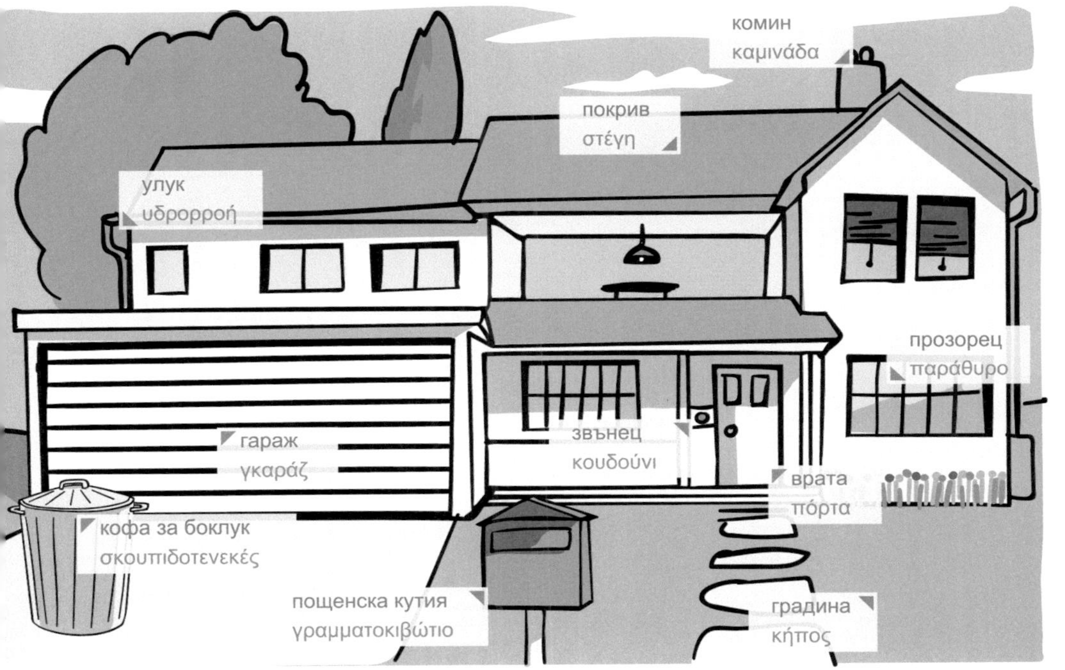

всекидневна

σαλόνι

баня

μπάνιο

кухня

κουζίνα

спалня

υπνοδωμάτιο

детска стая

παιδικό δωμάτιο

трапезария

τραπεζαρία

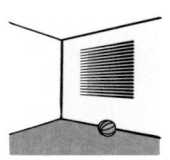

под

πάτωμα

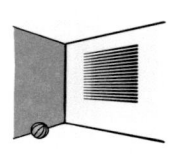

стена

τοίχος

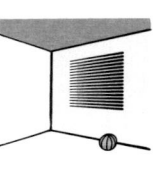

таван

οροφή

изба

κελάρι

сауна

σάουνα

балкон

μπαλκόνι

тераса

βεράντα

плувен басейн

πισίνα

косачка

μηχανή του γκαζόν

спално бельо

σεντόνι

покривка за легло

κάλυμμα κρεβατιού

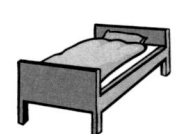

легло

κρεβάτι

метла

σκούπα

кофа

κουβάς

електрически ключ

διακόπτης

всекидневна

σαλόνι

тапет
ταπετσαρία
картина
φωτογραφία
лампа
λάμπα
рафт
ράφι
шкаф
ντουλάπι
телевизор
τηλεόραση
камина
τζάκι
цвете
λουλούδι
възглавница
μαξιλάρι
канапе
καναπές
ваза
βάζο
дистанционно управление
τηλεκοντρόλ

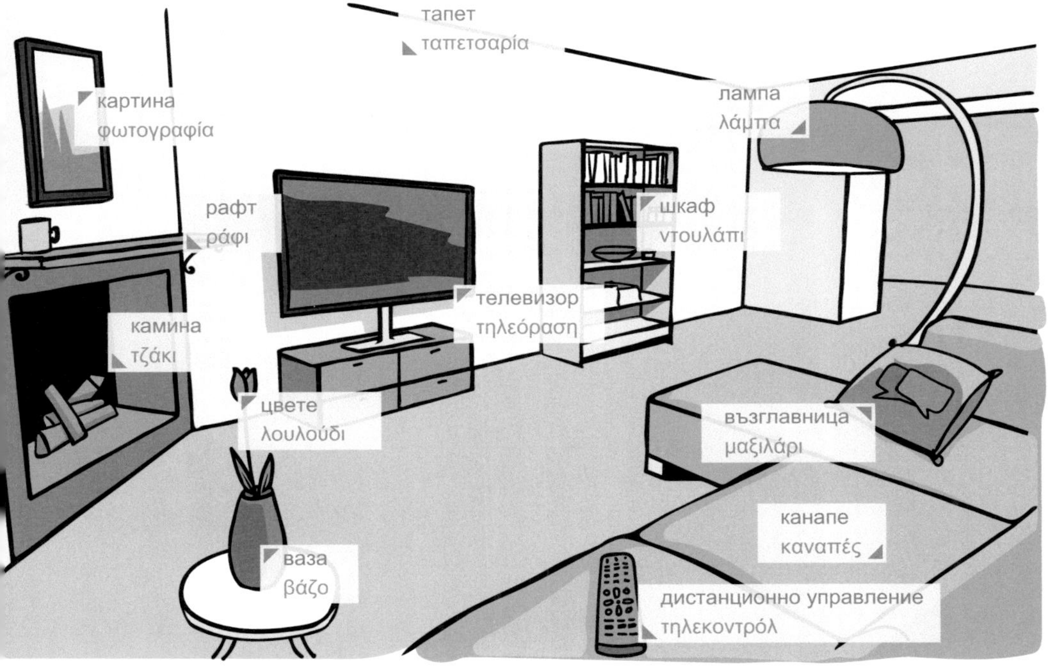

килим

χαλί

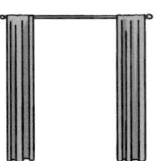

завеса

κουρτίνα

маса

τραπέζι

стол

καρέκλα

люлеещ се стол

κουνιστή πολυθρόνα

кресло

πολυθρόνα

книга

βιβλίο

одеяло

κουβέρτα

декорация

διακόσμηση

дърва за отопление

καυσόξυλα

филм

ταινία

стерео уредба

στερεοφωνικό σύστημα

ключ

κλειδί

вестник

εφημερίδα

живопис

πίνακας ζωγραφικής

постер

αφίσα

радио

ραδιόφωνο

бележник

σημειωματάριο

прахосмукачка

ηλεκτρική σκούπα

кактус

κάκτος

свещ

κερί

кухня
κουζίνα

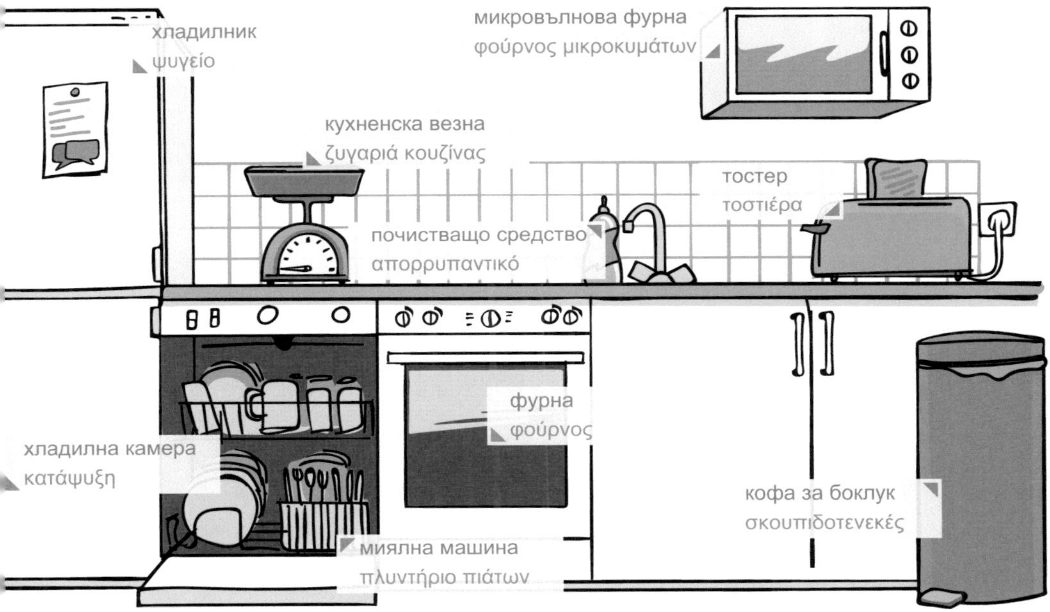
хладилник
ψυγείο
микровълнова фурна
φούρνος μικροκυμάτων
кухненска везна
ζυγαριά κουζίνας
тостер
τοστιέρα
почистващо средство
απορρυπαντικό
фурна
φούρνος
хладилна камера
κατάψυξη
кофа за боклук
σκουπιδοτενεκές
миялна машина
πλυντήριο πιάτων

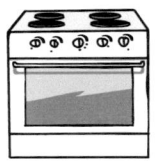

готварска печка

κουζίνα

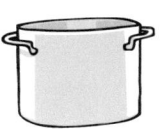

тенджера

κατσαρόλα

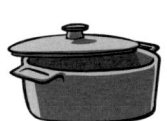

желязна тенджера

μαντεμένια κατσαρόλα

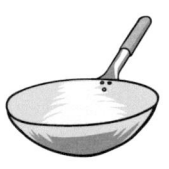

уок / кадаи

γουόκ/καντάι

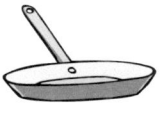

тиган

τηγάνι

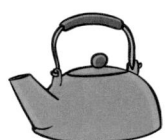

кана за затопляне на вода

βραστήρας

уред за готвене на пара

ατμομάγειρας

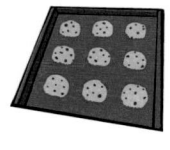

тава за печене

ταψί

съдове

πιατικά

чаша

κούπα

купа

μπολ

клечки за хранене

ξυλάκια

черпак

κουτάλα

лопатка за тиган

σπάτουλα

тел за разбиване (на яйца, белтъци)

ανακατεύω

кошница за варене

σουρωτήρι

гевгир

σουρωτηράκι

ренде

τρίφτης

хаван

γουδί

барбекю

ψησταριά

огнище

ανοιχτή φωτιά

дъска

σανίδα κοπής

точилка

πλάστης

тирбушон

ανοιχτήρι φελλών

кутия

κονσέρβα

отварачка за консерви

ανοιχτήρι κονσέρβας

кухненска ръкохватка

γάντι φούρνου

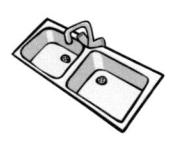

мивка

νεροχύτης

четка

βούρτσα

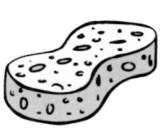

гъба

σφουγγάρι

миксер

μπλέντερ

фризер

καταψύκτης

бебешко шише

μπιμπερό

воден кран

βρύση

баня

μπάνιο

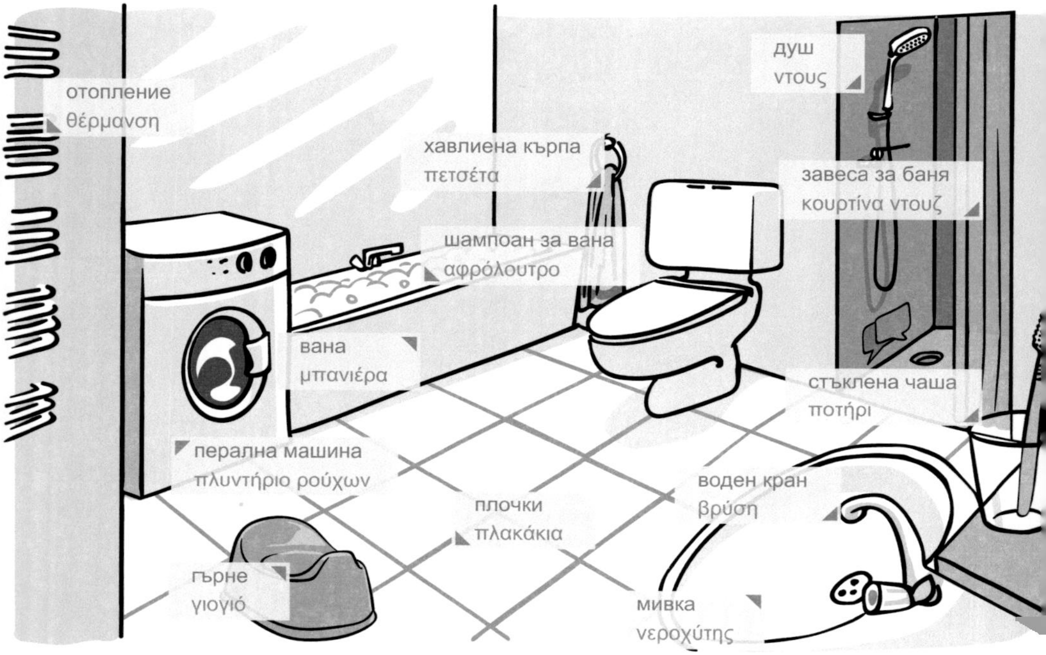

отопление
θέρμανση

душ
ντους

хавлиена кърпа
πετσέτα

завеса за баня
κουρτίνα ντουζ

шампоан за вана
αφρόλουτρο

вана
μπανιέρα

стъклена чаша
ποτήρι

перална машина
πλυντήριο ρούχων

воден кран
βρύση

плочки
πλακάκια

гърне
γιογιό

мивка
νεροχύτης

тоалетна

τουαλέτα

клекало

τούρκικη τουαλέτα

биде

μπιντές

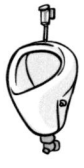

писоар

ουρητήριο

тоалетна хартия

χαρτί υγείας

четка за тоалетна

πιγκάλ

четка за зъби

οδοντόβουρτσα

паста за зъби

οδοντόκρεμα

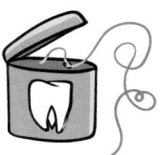

конец за зъби

οδοντικό νήμα

мия

πλένω

ръчен душ

τηλέφωνο ντους

интимен душ

ντουσιέρα

леген

λεκάνη

четка за гръб

βούρτσα πλάτης

сапун

σαπούνι

душ гел

αφρόλουτρο

шампоан за вана

σαμπουάν

гъба за баня

φανέλα

сифон

σιφόνι

крем

κρέμα

дезодорант

αποσμητικό

огледало

καθρέφτης

козметично огледало

καθρέφτης χειρός

ръчна самобръсначка

ξυραφάκι

пяна за бръснене

αφρός ξυρίσματος

одеколон за след
бръснене
αφτερσέιβ

гребен

χτένα

четка

βούρτσα

сешоар

σεσουάρ

спрей за коса

λακ

грим

μακιγιάζ

червило

κραγιόν

лак за нокти

βερνίκι νυχιών

памук

βαμβάκι

ножица за нокти

ψαλίδι νυχιών

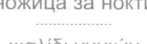

парфюм

άρωμα

тоалетна чантичка

νεσεσέρ

табуретка

σκαμπό

везна

ζυγαριά

хавлия

μπουρνούζι

домакински ръкавици

ελαστικά γάντια

тампон

ταμπόν

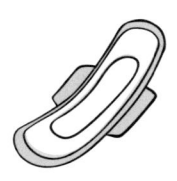

дамски превръзки

πετσέτα υγιεινής

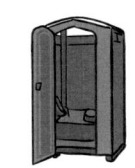

химическа тоалетна

χημική τουαλέτα

детска стая
παιδικό δωμάτιο

будилник
ξυπνητήρι
плюшена играчка
λούτρινο ζωάκι
автомобил играчка
αυτοκινητάκι
дрънкалка
κουδουνίστρα
къща за кукли
κουκλόσπιτο
подарък
δώρο

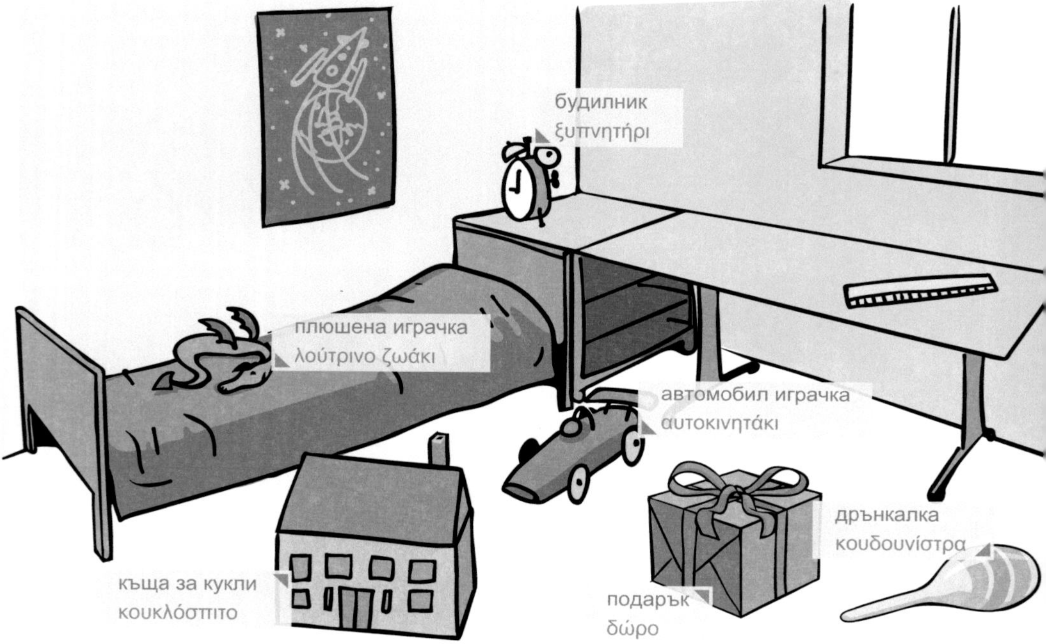

балон

μπαλόνι

легло

κρεβάτι

детска количка

καροτσάκι

игра на карти

τράπουλα

пъзел

παζλ

комикс

κόμικς

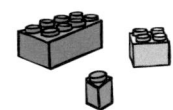

лего елементи

τουβλάκια lego

строителни елементи

τουβλάκια κατασκευών

екшън фигурка

φιγούρα δράσης

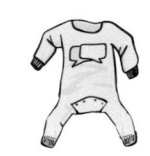

бебешки гащеризон

βρεφικό φορμάκι

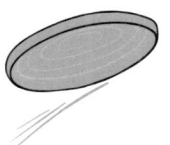

фрисби

φρίσμπι

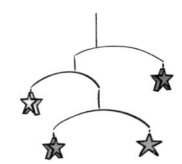

бебешки играчки за легло

μόμπιλο

настолна игра

επιτραπέζιο παιχνίδι

зарче

ζάρια

миниатюрно влакче

σετ τρενάκι

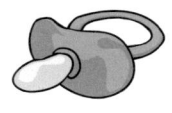

биберон

πιπίλα

парти

πάρτι

детска книга с илюстрации

εικονογραφημένο βιβλίο

топка

μπάλα

кукла

κούκλα

играя

παίζω

пясъчник

σκάμμα με άμμο

люлка

κούνια

играчка

παιχνίδια

игрова конзола

κονσόλα βιντεοπαιχνιδιών

велосипед с три колелета

τρίκυκλο

плюшено мече

αρκουδάκι

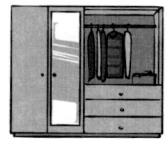

гардероб

ντουλάπα

облекло

ρούχα

къси чорапи

κάλτσες

дълги чорапи

καλτσοδέτες

чорапогащник

καλσόν

шал
κασκόλ

чадър
ομπρέλα

Т-шърт
μπλουζάκι

колан
ζώνη

ботуши
μπότες

пантофи
παντόφλες

гуменки
αθλητικά παπούτσια

сандали
....
σανδάλια

обувки
....
παπούτσια

гумени ботуши
....
γαλότσες

слип
....
εσώρουχο

сутиен
....
σουτιέν

долна блуза
....
φανέλα

боди

σώμα

панталон

παντελόνι

дънки

τζιν παντελόνι

пола

φούστα

блуза

μπλούζα

риза

πουκάμισο

пуловер

πουλόβερ

суичър

πουλόβερ

блейзър

σακάκι

яке

μπουφάν

палто

παλτό

дъждобран

αδιάβροχο πανωφόρι

костюм

κοστούμι

рокля

φόρεμα

булчинска рокля

νυφικό

костюм

κοστούμι

нощница

νυχτικό

пижама

πιτζάμες

сари

σάρι

кърпа за глава

μαντήλι

тюрбан

τουρμπάνι

бурка

μπούρκα

кафтан

καφτάνι

абая

μουσουλμανικό ένδυμα

бански костюм

ολόσωμο μαγιό

плувни шорти

ανδρικό μαγιό

къс панталон

σορτς

анцуг

αθλητική φόρμα

престилка

ποδιά

ръкавици

γάντια

копче

κουμπί

очила

γυαλιά

гривна

βραχιόλι

верижка

περιδέραιο

пръстен

δαχτυλίδι

обеца

σκουλαρίκι

каскет

καπέλο

закачалка

κρεμάστρα

шапка

καπέλο

вратовръзка

γραβάτα

цип

φερμουάρ

каска

κράνος

тиранти

τιράντες

ученическа униформа

μαθητική στολή

униформа

στολή

лигавник

σαλιάρα

биберон

πιπίλα

пелена

πάνα

офис
γραφείο

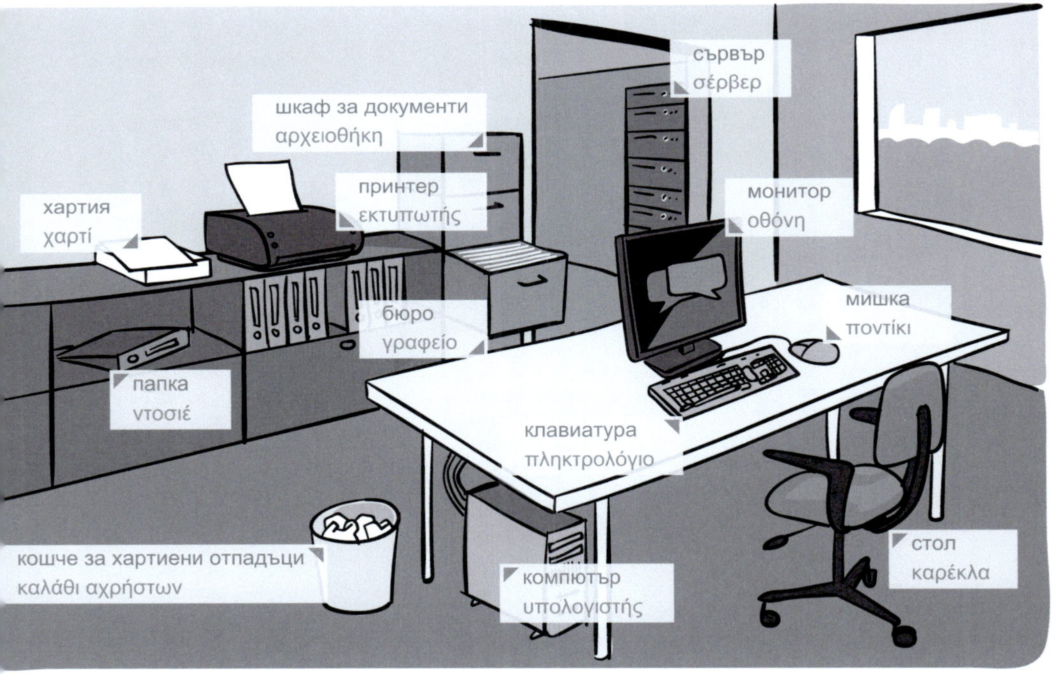

сървър
σέρβερ

шкаф за документи
αρχειοθήκη

принтер
εκτυπωτής

монитор
οθόνη

хартия
χαρτί

мишка
ποντίκι

бюро
γραφείο

папка
ντοσιέ

клавиатура
πληκτρολόγιο

кошче за хартиени отпадъци
καλάθι αχρήστων

стол
καρέκλα

компютър
υπολογιστής

чаша за кафе

κούπα του καφέ

джобен калкулатор

κομπιουτεράκι

интернет

ίντερνετ

офис - γραφείο

лаптоп

λάπτοπ

писмо

γράμμα

съобщение

μήνυμα

мобилен телефон

κινητό

мрежа

δίκτυο

ксерокс

φωτοτυπικό μηχάνημα

софтуер

λογισμικό

телефон

τηλέφωνο

контакт

πρίζα

факс

συσκευή φαξ

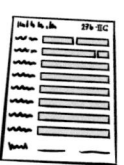

формуляр

έντυπο

документ

έγγραφο

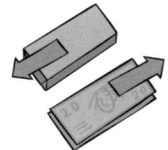

икономика

οικονομία

купувам

αγοράζω

плащам

πληρώνω

търгувам

συναλλάσσομαι

пари

χρήματα

долар

δολάριο

евро

ευρώ

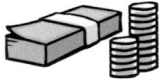

йена

γιεν

рубла

ρούβλι

швейцарски франк

ελβετικό φράγκο

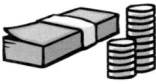

ренминби юан

ρενμίνμπι γιουάν

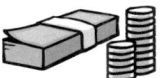

рупия

ρουπία

банкомат

ATM (αυτόματη ταμειακή μηχανή)

обменно бюро

ανταλλακτήρια συναλλάγματος

злато

χρυσός

сребро

ασήμι

нефт

πετρέλαιο

енергия

ενέργεια

цена

τιμή

договор

συμβόλαιο

данък

φόρος

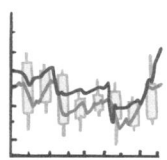

акция

μετοχή

работя

δουλεύω

служител

υπάλληλος

работодател

εργοδότης

фабрика

εργοστάσιο

магазин за цветя

κατάστημα

професии
επαγγέλματα

пожарникар
πυροσβέστης
полицай
αστυνόμος
готвач
μάγειρας
лекар
γιατρός
пилот
πιλότος

градинар

κηπουρός

мебелист

ξυλουργός

шивачка

μοδίστρα

съдия

δικαστής

химик

χημικός

артист

ηθοποιός

шофьор на автобус

οδηγός λεωφορείου

шофьор на такси

ταξιτζής

рибар

ψαράς

чистачка

καθαρίστρια

майстор на покриви

τεχνίτης στεγών

келнер

σερβιτόρος

ловец

κυνηγός

художник

ζωγράφος

хлебар

αρτοποιός

електротехник

ηλεκτρολόγος

строителен работник

οικοδόμος

инженер

μηχανολόγος

касапин

κρεοπώλης

тенекеджия

υδραυλικός

пощальон

ταχυδρόμος

войник

στρατιώτης

архитект

αρχιτέκτονας

касиер

ταμίας

цветар

ανθοπώλης

фризьор

κομμωτής

кондуктор

ελεγκτής εισιτηρίων

механик

μηχανικός

капитан

καπετάνιος

зъболекар

οδοντίατρος

научен работник

επιστήμονας

равин

ραβίνος

имàм

ιμάμης

монах

μοναχός

свещеник

ιερέας

инструменти
εργαλεία

клещи
πένσα
чук
σφυρί
отвертка
κατσαβίδι
джобна лампа
φακός
гаечен ключ
Γαλλικό κλειδί

багер

εκσκαφέας

кутия за инструменти

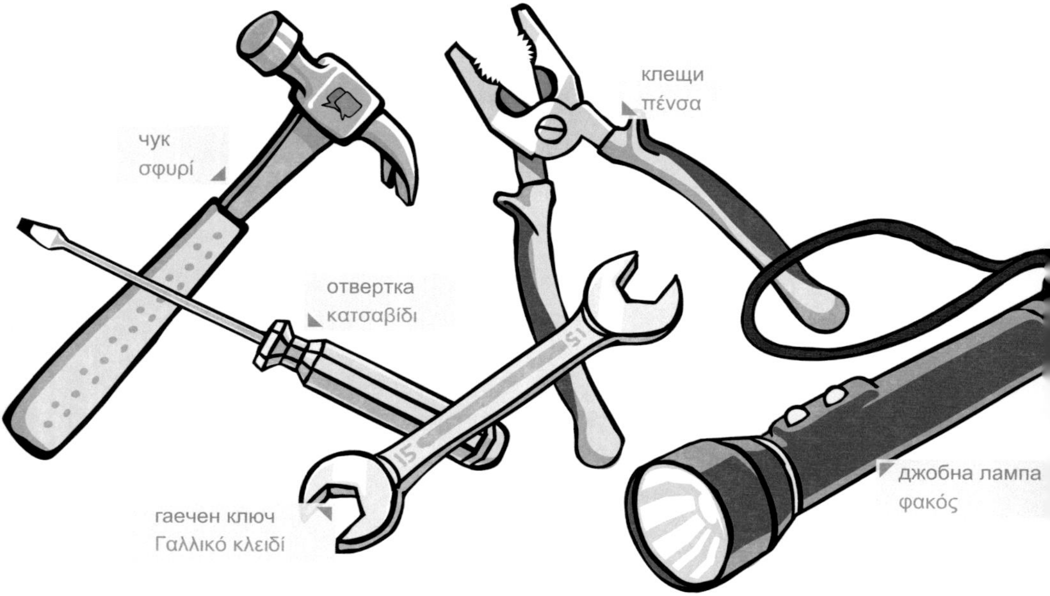

εργαλειοθήκη

стълба

σκάλα

трион

πριόνι

пирони

καρφιά

бормашина

τρυπάνι

ремонтирам
επισκευάζω

лопата
φτυάρι

По дяволите!
Να πάρει!

лопатка за смет
φαράσι

кутия за боя
δοχείο χρωμάτων

болтове
βίδες

музикални инструменти
μουσικά όργανα

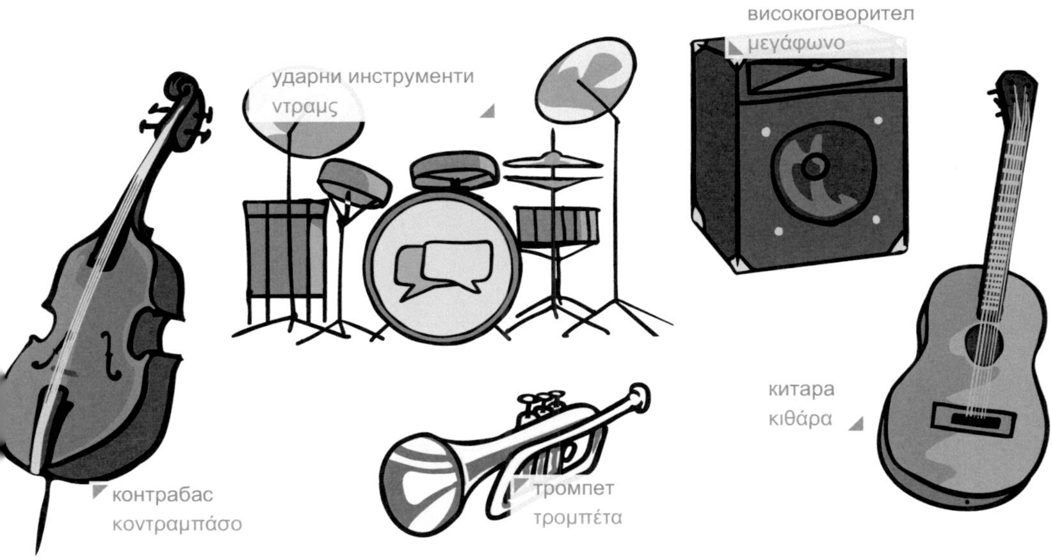

ударни инструменти
ντραμς

високоговорител
μεγάφωνο

китара
κιθάρα

контрабас
κοντραμπάσο

тромпет
τρομπέτα

пиано

πιάνο

виолина

βιολί

контрабас

μπάσο

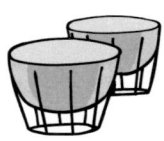

тимпан

τύμπανα

барабан

τύμπανο

електрическо пиано

πλήκτρα

саксофон

σαξόφωνο

флейта

φλάουτο

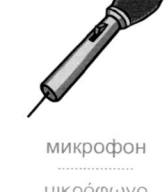

микрофон

μικρόφωνο

музикални инструменти - μουσικά όργανα

зоологическа градина

ζωολογικός κήπος

вход
είσοδος
тигър
τίγρης
бръмбар
κλουβί
зебра
ζέβρα
храна за животни
ζωοτροφή
панда
πάντα

животни

ζώα

слон

ελέφαντας

кенгуру

καγκουρό

носорог

ρινόκερος

горила

γορίλας

мечка

αρκούδα

камила

καμήλα

щраус

στρουθοκάμηλος

лъв

λιοντάρι

маймуна

πίθηκος

фламинго

φλαμίνγκο

папагал

παπαγάλος

бяла мечка

πολική αρκούδα

пингвин

πιγκουίνος

акула

καρχαρίας

паун

παγώνι

змия

φίδι

крокодил

κροκόδειλος

пазач в зоологическа
градина

φύλακας ζωολογικού κήπου

тюлен

φώκια

ягуар

τζάγκουαρ

пони

πόνυ

леопард

λεοπάρδαλη

хипопотам

ιπποπόταμος

жираф

καμηλοπάρδαλη

орел

αετός

диво прасе

αγριογούρουνο

риба

ψάρι

костенурка

χελώνα

морж

θαλάσσιος ίππος

лисица

αλεπού

газела

γαζέλα

американски футбол
Αμερικάνικο ποδόσφαιρο

колоездене
ποδηλασία

тенис
αντισφαίριση

баскетбол
μπάσκετ

плуване
κολύμβηση

бокс
πυγμαχία

хокей на лед
χόκεϋ επί πάγου

футбол
ποδόσφαιρο

бадминтон
μπάντμιντον

лека атлетика
στίβος

хандбал
χάντμπολ

ски бягане
σκι

поло
πόλο

скачам
πηδάω

прегръщам
αγκαλιάζω

смея се
γελάω

вървя
περπατάω

пея
τραγουδάω

съсувам
ονειρεύομαι

моля се
προσεύχομαι

целувам
φιλάω

пиша
γράφω

рисувам
σχεδιάζω

показвам
δείχνω

бутам
πιέζω

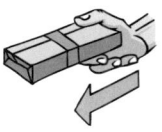

давам
δίνω

взимам
παίρνω

имам

έχω

правя

κάνω

съм

είμαι

стоя

στέκομαι

тичам

τρέχω

дърпам

τραβάω

хвърлям

ρίχνω

падам

πέφτω

лежа

ξαπλώνω

чакам

περιμένω

нося

κουβαλώ

седя

κάθομαι

обличам

φοράω

спя

κοιμάμαι

събуждам се

ξυπνάω

разглеждам

κοιτάω

плача

κλαίω

милвам

χαϊδεύω

реша се

χτενίζω

говоря

μιλάω

разбирам

καταλαβαίνω

питам

ρωτάω

слушам

ακούω

пия

πίνω

ям

τρώω

разтребвам

συγυρίζω

обичам

αγαπάω

готвя

μαγειρεύω

карам автомобил

οδηγώ

летя

πετάω

плавам (с платна)

κάνω ιστιοπλοΐα

смятане

υπολογίζω

чета

διαβάζω

уча

μαθαίνω

работя

δουλεύω

женя се

παντρεύομαι

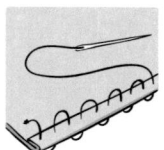

шия

ράβω

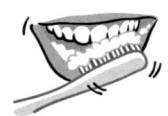

измивам си зъбите

βουρτσίζω τα δόντια

убивам

σκοτώνω

пуша

καπνίζω

изпращам

στέλνω

семейство

οικογένεια

баба
γιαγιά
дядо
παππούς
баща
πατέρας
майка
μητέρα
бебе
μωρό
дъщеря
κόρη
син
γιος

посетител

καλεσμένος

леля

θεία

чичо

θείος

брат

αδελφός

сестра

αδελφή

тяло

σώμα

чело
μέτωπο
око
μάτι
рамо
ώμος
пръст
δάχτυλο
лице
πρόσωπο
брадичка
πιγούνι
ръка
χέρι
крак
πόδι
гърди
στήθος
ръка
βραχίονας

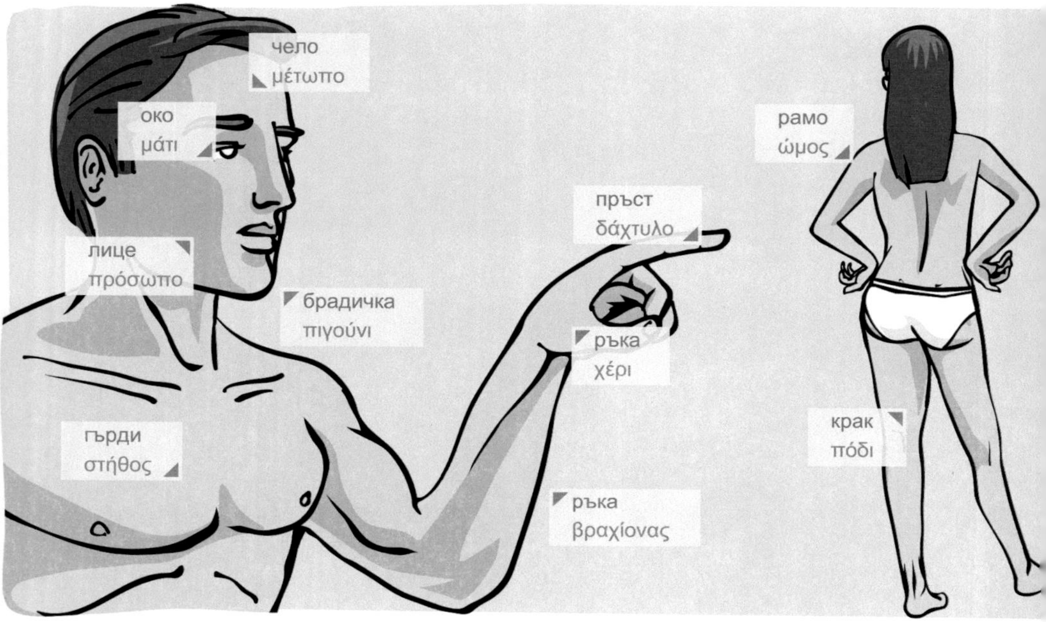

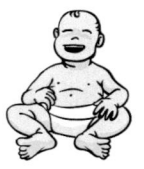

бебе

μωρό

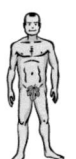

мъж

άνδρας

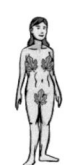

жена

γυναίκα

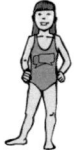

момиче

κορίτσι

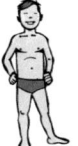

момче

αγόρι

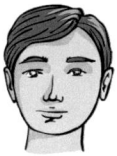

глава

κεφάλι

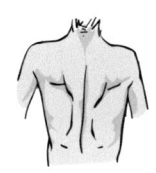

гръб

πλάτη

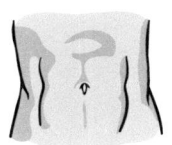

корем

κοιλιά

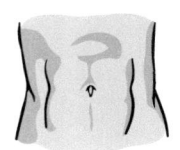

пъп

αφαλός

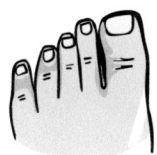

пръст на крака

δάχτυλο ποδιού

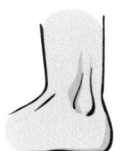

пета

φτέρνα

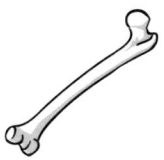

кост

κόκκαλο

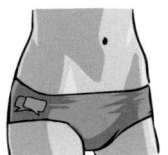

хълбок

γοφός

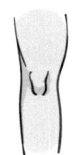

коляно

γόνατο

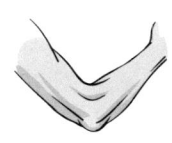

лакът

αγκώνας

нос

μύτη

седалище

γλουτός

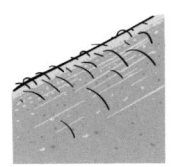

кожа

δέρμα

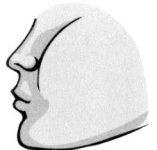

буза

μάγουλο

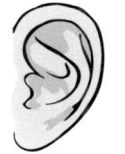

ухо

αυτί

устна

χείλος

тяло - σώμα

уста

στόμα

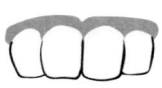

зъб

δόντι

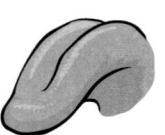

език

γλώσσα

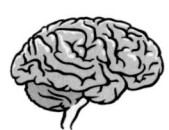

мозък

εγκέφαλος

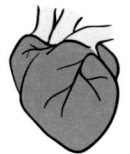

сърце

καρδιά

мускул

μυς

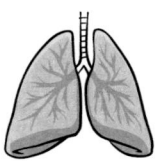

бял дроб

πνεύμονας

черен дроб

συκώτι

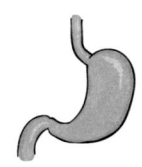

стомах

στομάχι

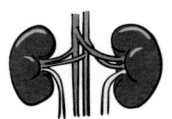

бъбреци

νεφρά

полово сношение

σεξουαλική επαφή

кондом

προφυλακτικό

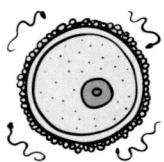

яйцеклетка

ωάριο

сперма

σπέρμα

бременност

εγκυμοσύνη

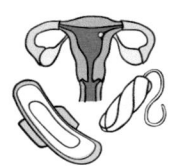

менструация

περίοδος

вагина

γυναικείος κόλπος

пенис

πέος

вежда

φρύδι

коса

μαλλιά

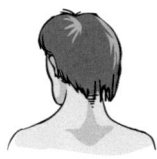

шия

λαιμός

болница
νοσοκομείο

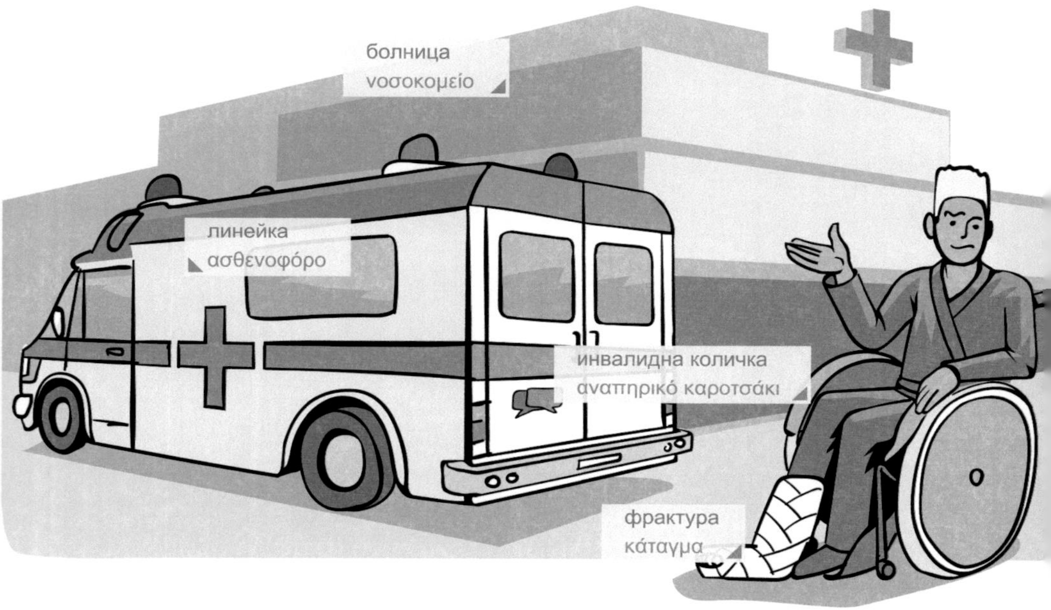

болница
νοσοκομείο
линейка
ασθενοφόρο
инвалидна количка
αναπηρικό καροτσάκι
фрактура
κάταγμα

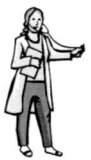

лекар

γιατρός

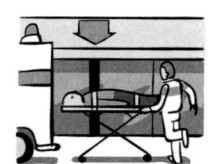

спешна хоспитализация

μονάδα εντατικής θεραπείας

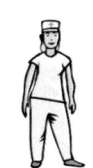

медицинска сестра

νοσοκόμα

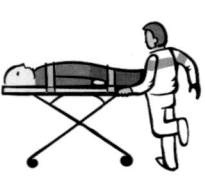

спешен случай

έκτακτη ανάγκη

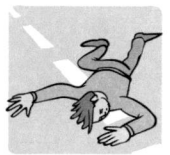

в безсъзнание

λιπόθυμος

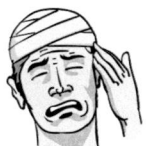

болка

πόνος

нараняване

τραύμα

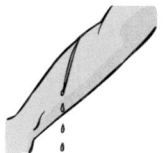

кървене

αιμορραγία

инфаркт

έμφραγμα

инсулт

εγκεφαλικό

алергия

αλλεργία

кашлица

βήχας

температура

πυρετός

грип

γρίπη

диария

διάρροια

главоболие

πονοκέφαλος

рак

καρκίνος

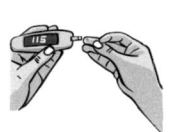

диабет

διαβήτης

хирург

χειρουργός

скалпел

νυστέρι

операция

εγχείρηση

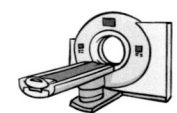

компютърна томография

αξονική τομογραφία

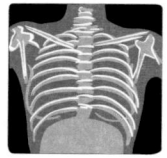

рентген

ακτινογραφία

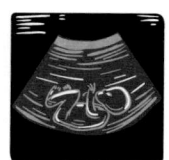

ултразвук

υπέρηχος

маска

μάσκα

болест

ασθένεια

чакалня

αίθουσα αναμονής

патерица

πατερίτσα

пластир

χάνσαπλαστ

превръзка

επίδεσμος

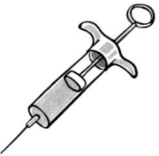

инжекция

ένεση

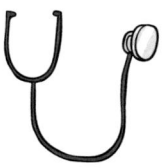

стетоскоп

στηθοσκόπιο

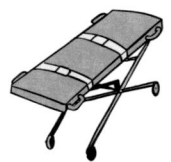

носилка

φορείο

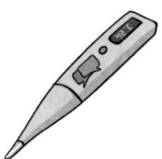

термометър

θερμόμετρο

раждане

γέννηση

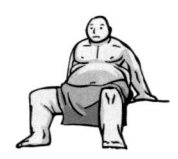

наднормено тегло

υπέρβαρο

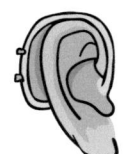

слухов апарат

ακουστικό βαρηκοΐας

дезинфекционно средство

αντισηπτικό

инфекция

λοίμωξη

вирус

ιός

HIV / AIDS

HIV/AIDS

медицина

φάρμακο

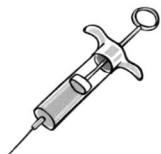

ваксинация

εμβολιασμός

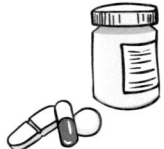

таблети

δισκία

противозачатъчна таблетка

χάπι

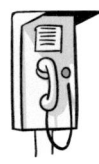

спешно телефонно обаждане

κλήση έκτακτης ανάγκης

апарат за измерване на кръвното налягане

πιεσόμετρο αίματος

болен / здрав

άρρωστος / υγιής

спешен случай

έκτακτη ανάγκη

Помощ!

Βοήθεια!

сигнал за тревога

συναγερμός

нападение

βιαιοπραγία

атака

επίθεση

опасност

κίνδυνος

авариен изход

έξοδος κινδύνου

Пожар!

Φωτιά!

пожарогасител

πυροσβεστήρας

злополука

ατύχημα

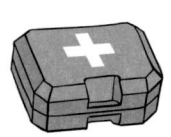

комплект за оказване на първа помощ

κουτί πρώτων βοηθειών

SOS

SOS

полиция

αστυνομία

Земя
Γη

Европа

Ευρώπη

Северна Америка

Βόρεια Αμερική

Южна Америка

Νότια Αμερική

Африка

Αφρική

Азия

Ασία

Австралия

Αυστραλία

Атлантически океан

Ατλαντικός Ωκεανός

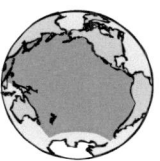

Тихи океан

Ειρηνικός Ωκεανός

Индийски океан

Ινδικός Ωκεανός

Южен ледовит океан

Ανταρκτικός Ωκεανός

Северен ледовит океан

Αρκτικός Ωκεανός

Северен полюс

Βόρειος Πόλος

Южен полюс

Νότιος Πόλος

Антарктида

Ανταρκτική

Земя

Γη

суша

γη

море

θάλασσα

остров

νησί

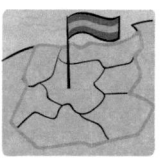

нация

έθνος

държава

πολιτεία

часовник

ρολόι

циферблат

καντράν ρολογιού

стрелка на часовете

ωροδείκτης

стрелка на минутите

λεπτοδείκτης

стрелка на секундите

δείκτης δευτερολέπτων

Колко е часът?

Τι ώρα είναι;

ден

ημέρα

време

χρόνος

сега

τώρα

дигитален часовник

ψηφιακό ρολόι

минута

λεπτό

час

ώρα

понеделник
Δευτέρα

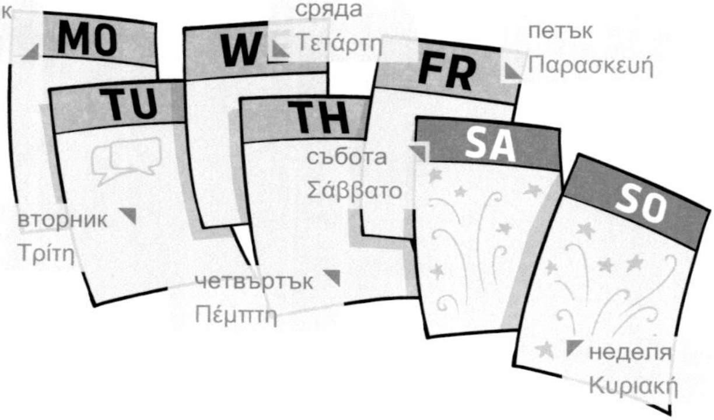

MO

W сряда
Τετάρτη

петък
Παρασκευή

TU

TH

FR

SA

SO

съобта
Σάββατο

вторник
Τρίτη

четвъртък
Πέμπτη

неделя
Κυριακή

вчера

χθες

днес

σήμερα

утре

αύριο

сутрин

πρωί

обед

μεσημέρι

вечер

βράδυ

MO	TU	WE	TH	FR	SA	SU
1	2	3	4	5	6	7
8	9	10	11	12	13	14
15	16	17	18	19	20	21
22	23	24	25	26	27	28
29	30	31	1	2	3	4

работни дни

εργάσιμες ημέρες

MO	TU	WE	TH	FR	SA	SU
1	2	3	4	5	6	7
8	9	10	11	12	13	14
15	16	17	18	19	20	21
22	23	24	25	26	27	28
29	30	31	1	2	3	4

уикенд

Σαββατοκύριακο

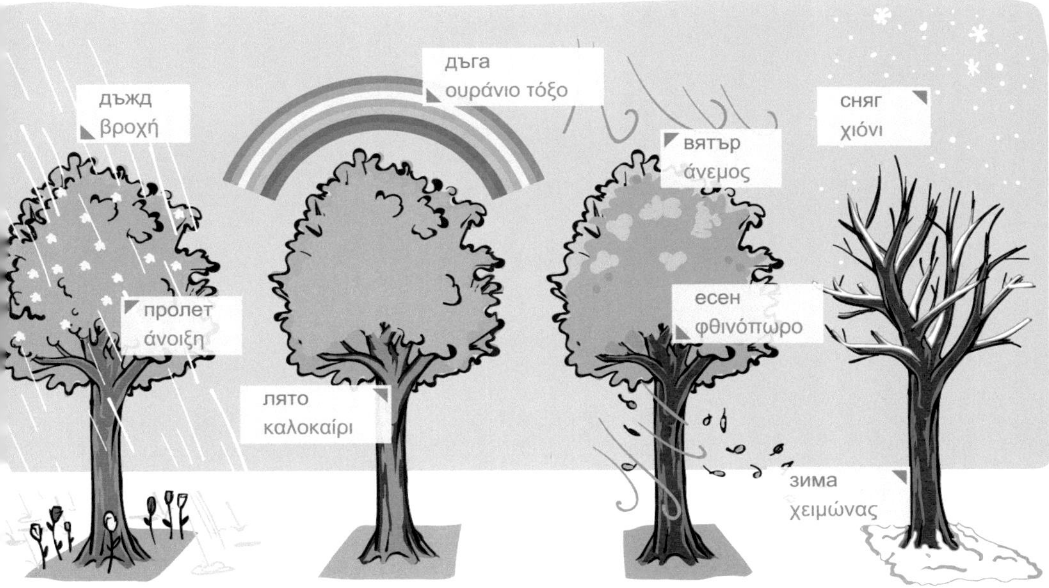

дъжд
βροχή

дъга
ουράνιο τόξο

вятър
άνεμος

сняг
χιόνι

пролет
άνοιξη

есен
φθινόπωρο

лято
καλοκαίρι

зима
χειμώνας

прогноза за времето

πρόγνωση καιρού

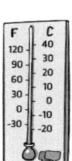

термометър

θερμόμετρο

слънчева светлина

λιακάδα

облак

σύννεφο

мъгла

ομίχλη

влажност на въздуха

υγρασία

светкавица

αστραπή

гръмотевица

κεραυνός

буря

καταιγίδα

градушка

χαλάζι

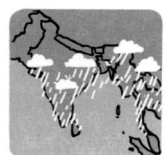

мусон

μουσώνας

наводнение

πλημμύρα

лед

πάγος

януари

Ιανουάριος

февруари

Φεβρουάριος

март

Μάρτιος

април

Απρίλιος

май

Μάιος

юни

Ιούνιος

юли

Ιούλιος

август

Αύγουστος

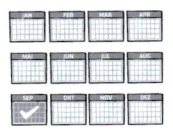

септември

Σεπτέμβριος

октомври

Οκτώβριος

ноември

Νοέμβριος

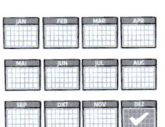

декември

Δεκέμβριος

форми

σχήματα

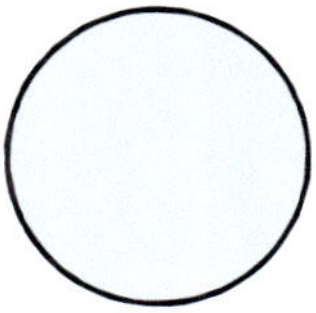

круг

κύκλος

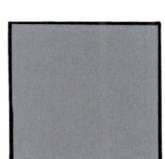

квадрат

τετράγωνο

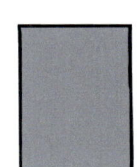

четириаголник

ορθογώνιο παραλληλόγραμμο

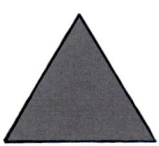

триаголник

τρίγωνο

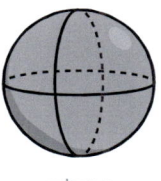

сфера

σφαίρα

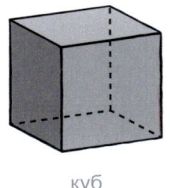

коцка

κύβος

цветове

χρώματα

бял

άσπρο

жълт

κίτρινο

оранжев

πορτοκαλί

розов

ροζ

червен

κόκκινο

лилав

μωβ

син

μπλε

зелен

πράσινο

кафяв

καφέ

сив

γκρι

черен

μαύρο

противоположности
αντίθετα

много / малко

πολύ / λίγο

ядосан / спокоен

θυμωμένος / ήρεμος

красив / грозен

όμορφος / άσχημος

начало / край

αρχή / τέλος

голям / малък

μεγάλος / μικρός

светъл / тъмен

φωτεινός / σκοτεινός

брат / сестра

αδελφός / αδελφή

чист / мръсен

καθαρός / λερωμένος

пълен / непълен

πλήρης / ατελής

ден / нощ

ημέρα / νύχτα

мъртъв / жив

νεκρός / ζωντανός

широк / тесен

φαρδύς / στενός

ядлив / неядлив

βρώσιμος / μη βρώσιμος

сърдит / любезен

κακός / ευγενικός

развълнуван / скучаещ

ενθουσιασμένος / βαριεστημένος

дебел / тънък

παχύς / λεπτός

най-напред / най-накрая

πρώτος / τελευταίος

приятел / враг

φίλος / εχθρός

пълен / празен

γεμάτος / άδειος

твърд / мек

σκληρός / μαλακός

тежък / лек

βαρύς / ελαφρύς

глад / жажда

πείνα / δίψα

болен / здрав

άρρωστος / υγιής

нелегален / легален

παράνομος / νόμιμος

интелигентен / глупав

έξυπνος / χαζός

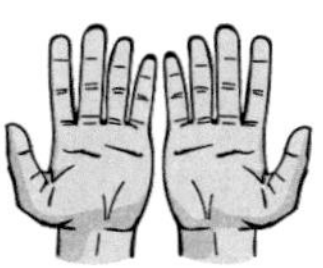

ляво / дясно

αριστερός / δεξιός

близо / далече

κοντινός / μακρινός

нов / употребяван

καινούριος / μεταχειρισμένος

нищо / нещо

τίποτα / κάτι

стар / млад

γέρος | νέος

вкл. / изкл.

αναμμένος / σβηστός

отворен / затворен

ανοιχτός / κλειστός

тих / силен (звук)

χαμηλόφωνος / μεγαλόφωνος

богат / беден

πλούσιος / φτωχός

правилен / погрешен

σωστός / λανθασμένος

грапав / гладък

τραχύς / λείος

тъжен / щастлив

λυπημένος / χαρούμενος

дълъг / къс

κοντός / μακρύς

бавен / бърз

αργός / γρήγορος

мокър / сух

υγρός / στεγνός

топъл / студен

ζεστός / δροσερός

война / мир

πόλεμος / ειρήνη

противоположности - αντίθετα

числа
αριθμοί

0

нула
μηδέν

1

едно
ένα

2

две
δύο

3

три
τρία

4

четири
τέσσερα

5

пет
πέντε

6

шест
έξι

7

седем
εφτά

8

осем
οκτώ

9

девет
εννιά

10

десет
δέκα

11

единадесет
έντεκα

12

двaнадесет

δώδεκα

13

тринадесет

δεκατρία

14

четиринадесет

δεκατέσσερα

15

петнадесет

δεκαπέντε

16

шестнадесет

δεκαέξι

17

седемнадесет

δεκαεφτά

18

осемнадесет

δεκαοκτώ

19

деветнадесет

δεκαεννέα

20

двадесет

είκοσι

100

сто

εκατό

1.000

хиляда

χίλια

1.000.000

милион

εκατομμύριο

езици
γλώσσες

английски

Αγγλικά

американски английски

Αμερικάνικα Αγγλικά

китайски мандарин

Μανδαρίνικα Κινέζικα

хинди

Χίντι

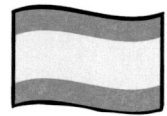

испански

Ισπανικά

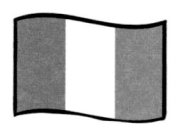

френски

Γαλλικά

арабски

Αραβικά

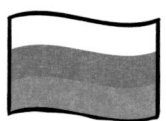

руски

Ρώσικα

португалски

Πορτογαλικά

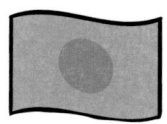

бенгалски

Μπενγκάλι

немски

Γερμανικά

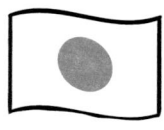

японски

Ιαπωνικά

кой / какво / как
ποιος / τι / πως

аз

εγώ

ти

εσύ

той / тя / то

αυτός / αυτή / αυτό

ние

εμείς

вие

εσείς

те

αυτοί / αυτές / αυτά

кой?

ποιος / ποια / ποιο;

какво?

τι;

как?

πώς;

къде?

πού;

кога?

πότε;

име

όνομα

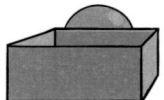

къде

που

зад

πίσω

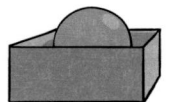

в

μέσα

пред

μπροστά

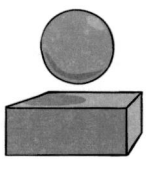

над

πάνω από

върху

πάνω

под

κάτω

до

δίπλα

между

ανάμεσα

място

μέρος